JN437935

오진환 세 번째 시집

산은 구름을 탓하지 않는다

산은 구름을 탓하지 않는다

오진환 제3시집

을지출판공사

■ 시인의 말

시를 통해 내 인생을 성장시키렵니다

"나는 누구인가"
탐구하며 교육자의 길 35년,
어느새 세월은 흘러 벌써 칠순,
이 모든 일이 하나님의 은혜입니다

퇴임 후 제2의 인생을 주님과 함께,
삶을 개척하고 섬기며
봉사하는 마음으로 생활하고 있습니다.

그러면서 삶의 질과 여가,
건강한 웃음으로 행복을 추구하며
시를 통해 나의 인생을 더욱 성장시키려고
노력하고 있습니다.
그동안 틈틈이 써 온 시들을 엮으려고 보니
그저 부끄러운 마음뿐입니다.

세 번째 시집 상재함을 주님께 영광을 돌립니다.
부족한 시를 평해 주신 김정웅 문학평론가님
시집을 발간해 주신 을지출판공사 대표님

늘 곁에서 그림으로 도와준 사랑하는 아내,
버팀목이 되어 준 마취통증의학과 의사인 아들,
공연예술학과 겸임교수인 사랑스러운 며느리,
저를 아껴주시는 모든 분들께 감사를 드립니다.

2013년 4월

오 진 환

차 례

제 2 부 기다림

제 3 부 갈대숲에서

제 4 부 자연 속에서

제 5 부 호 수 〈영역시〉

제 1 부

산 노을에 젖어

인생길 오르듯이 올라와
'구름의 집' 에서 잠시 쉬면서

몸과 마음의 공해 씻고
땀의 진가에 대해 생각해 본다

들꽃처럼

비바람 속에서도
춤추며 피는 들꽃

흔들리며 사랑을 나누며
들꽃 닮은 님의 모습
소중히 간직하고픈 마음

꽃향기 머금고
흐르는 샘물같이
정결한 모습으로

꽃향기 풍기며
이웃들에게 희망을 주고 싶다

들녘의 비바람 견디며
소박한 나의 마음 전해주고 싶다

놀이하는 인간

문화 사학자 호이징가는
인간을 놀이하는 인간이라고 규정한다

놀이가 있어도 되고 없어도 되는
그런 차원이 아니다

인간이 인간답게 살려면
놀이는 기본 요소이고

사람은 놀이를 즐기고 있을 때만이
완전한 인간이라고 철학자 쉴러는 말했다

우리의 말은 곧 인간의 삶,
놀이 비중이 얼마나 중요한지 지적하고 있다

'잘 놀 줄 아는 사람은 일도 잘 한다'
라는 말이 있다

일중독자가 늘어만 간다
일한 후 휴식할 줄을 모른다

안식 없이 일만 하는 사람은
님이 세우신 법칙을 어기는 사람이다

나는 불만을 모른다

밤하늘 수많은 별 중에
하나의 별이 내 곁을 지켜준다

가까이서 빛나는 광채
내 가슴속에 가득 담아
온 세상을 비추기에 모자람이 없다

두 송이의 꽃이
한날한시에 피어나
시듦도 함께 하길 소망한다

시와 그림으로
건강한 영혼과 육체 보살피며 걸어가련다

정죄(定罪)

함박눈이 때를 가리지 않고
세상을 향해 퍼붓는다

이상기온 탓이 아니라
부정부패와 의심의 풍토 때문이다

인간들의 잘못된 판단으로
허구를 추구하는 우상숭배

죄 사하고 진리와 평온이
사는 나라를 향하여

정결한 마음으로 가다듬고
새날을 지향하는
우리 되어야 하리라

산 노을에 젖어

뜬구름 그림자 아래 나무와 바위들
바라보며 젊은 날의 필름을 되돌린다

북한산 멀리 보이는 백운대, 도봉산
웅장하고 장엄하다

힘들게 땀방울 흘리고 나면
넓게 보이는 각각의 장관들

저녁노을 짙어져
서서히 어둠의 장막이 내린다

인생길 오르듯이 올라와
'구름의 집' 에서 잠시 쉬면서

몸과 마음의 공해 씻고
땀의 진가에 대해 생각해 본다

산은 구름을 탓하지 않는다

침묵하며
인내하며
새로운 피를 수혈해 주는 산,

일에 지쳤을 때
정신이 피로할 때
고독하다고 느껴질 때
왠지 서글퍼질 때
산으로 가자

산은
우리에게 활력과
생명 최고의 보약을 선물해 준다

왠지 우울하면 산으로 가자
마냥 미소 지으며
우리를 반겨주는 산으로 가자

산장에서

고요를 가르고
숲 속의 조각품들 사이로
색소폰 소리가 들린다

빵모자를 쓴
아저씨의 오~ 대니 보이
연주 소리에 감동의 물결이 일렁인다

머 언 산자락
단풍 들어 절경인데
흐르는 시간 누가 붙잡을 수 있을까

감미로운 연주 소리
추억들이 걸어 나와
나의 어깨를 두드린다

머지않아 눈이 내리겠지요
조용한 이 산장에
가을 하늘 짙어지면

꽃

6월이 가기 전에
한 송이 꽃을
그대에게

가슴으로 파고드는 모습
반짝이는 물결같이 간직하려고
바다를 떠올린다

가는 세월
붙잡으려고
젊은이들이 걷는 공원길에서

꽃을 선물하며
나의 사랑
그대에게 전한다

아 내

사랑을 잃지 않고 산다는 건
아름다운 인생이다

첫사랑과 결혼해서
긴 세월 그 마음 그대로 간직하고
마주보며 살아온 그녀,

진실된 대화로
진실된 미소로
진실된 마음으로
충실하게 살아온 우리 부부

앞으로도 못다 한 사랑
더욱더 나누면서
당신을 만난 일 행운이었다고 말해 주련다

뉴질랜드

새 하늘 새 땅
가슴 설레는 곳
하늘의 축복으로 삶을 이끄는 나라

엄한 교육으로 질서와 자연을
사랑하는 민족

배달의 민족
삼강오륜 자취 없고

시장 원리에 따라
자본주의 국가로 변해 버린 우리들

거대한 자연을 보존하며
여유롭게 삶을 즐기는
이런 나라, 이런 사람들이 부럽다

황산(黃山)의 4계

늦게 핀 꽃이 향기롭고 뒤늦게 찾아온 봄이
유달리 아름다운 황산의 봄
제일 빛을 먼저 받는 경물(景物)은 색상이 포화되어
소나무, 돌, 봉우리, 바다에 이르기까지
겹겹이 짙게 물든다.
두견화, 영산홍도 활짝 당신에게 웃음을 안겨준다

봄빛이 완연한 황산의 한여름
땡볕의 무더위에 지치고 있을 때
황산의 봄은 외려 봄빛에 익는다.
온 산은 녹색으로 설렌다
선녀와 같은 꽃들이 만발하여
사처에서 봄소식을 알린다
황산의 높은 지대는 내내 여름을 모른다.
소나기가 지나가면 천산만학에
운무가 열기가 오르고
푸른 하늘 하얀 구름이 성대하다

가을빛이 도도한 황산
일찍 찾아오나 짧다.
산하평원이 한창 더위에 허덕일 때 산위는 이미
썰렁한 가을이다.

산 위 가을은
〈온 산이 붉게 물드는〉 산하는 달리 천봉만학이요.
점점의 단풍으로 서로가 산뜻하다.
깊은 가을은 황산의 운해가 제일 많은 계절이다
황산의 심추는 황산의 일출을 촬영하는 최적 시기이다

소복단장 유난히 아리따운 황산
겨울은 일찍 오며 길다
서설이 날리는 겨울이면 높은 곳은 은빛 단장이고
낮은 곳은 온 산이 햇솜 뭉치 같은 모습이며
몇 그루의 새양나무가 풍설에 끄떡없이
청신한 향기를 뿌리고 있다
눈 내린 뒤 개인 날에는
온 산이 소복단장이고
무송(霧淞)과 무석(霧石)과 무초(霧草)
모두가 찬란한 혜택을 받는다

고 백

그녀를
만나던 날
너무나
행복했습니다

해맑은 미소와 눈빛
한마디 말속에
오래 사귄 친구처럼
가슴이 뜨거웠습니다

미소 지으며
묵묵히 들어주고
그윽히 바라보는
순수한 표정에 편안했습니다

그녀와 같이
있으면 있을수록
나는 더욱 포근해져 갔습니다

그대와 나

별 하나
별 둘
빛나는 밤하늘의 별들
한가슴 되어 함께 느끼는
아름다운 밤,
우리의 영혼을 씻겨주던 폭포수
변함없이 별빛으로 갈무리 된
무수한 사연들
그대, 이 밤의 추억을
정녕 잊을 수 있을까

제 2 부

기다림

멀리 보이는 산을 바라보며
기다림은 즐거운 일이라고
흥얼거린다

늘 기대감으로 설레이는
시간의 여백

만 남

홀로 걸으면 고독하고
둘이 손잡고 걸으면
행복한 길

사람은 외로운 존재
그대 존재와 나의 존재
인연으로 이야기꽃이 핀다

꽃향기 맡으면서
나의 맑은 영혼
그대 가슴을 연다

만남과 만남이
하루,
하루를 즐겁게 만들어 준다

고(故), 박영석 대장을 그리며
- 히말라야 안나프르나에서 실종

그는 오산인(五山人)이다
험란한 산을 수없이 정복한 산 사나이
삶 자체를 산을 정복하는 개척자의 길을 택했다
그는 세계적인 산악인이다.
박 대장은 히말라야 14좌를 완등했고
모든 대륙의 최고봉에 올랐으며
북극과 남극점을 발로 찍었다.
탐험가도 도달하지 못한 대기록이다.

그는 2011년 만 48세
그는 언제나 위험한 길을 대담하게 떠났다
히말라야 14좌에 '코리안 루트'를 내겠다는 그의 꿈
우리의 꿈을 그가 시작하지 않으면
누군가 계속 가지 않겠나?
'숨 쉴 수 있는 마지막 순간까지 나는 계속 갈 것이다!'
그가 말했다고 한다.

왜 높은 산에 올라가는가?
산을 정복하는 "승리의 쾌감과 기쁨 장엄미"를
느끼기 위해서다
비정한 산은 우리에게 무엇을 가르쳐 주는가.

인간의 분수와 한계를 인식시켜 준다
등산처럼 위험한 것이 없고
무서운 것은 이 세상에 더 이상 없을 것이지만

산과 친하되 산의 엄격함을 알아야 한다.
산은 자모(慈母)인 동시에 엄부(嚴父)이다.
산 앞에 겸손한 자만이 "산의 벗"이 될 수 있다.

산은 우리를 정답게 부르고
철 따라 옷을 갈아입고 반가운 손짓을 한다.
산이라는 위대한 철학자에게 깊은 말씀을 들어야 한다.
두려우면서도 친밀한 우리의 벗인 산
산속을 걸을 때 인간 본성으로 돌아가는 이유가
산은 자연의 의사, 우주의 목사, 철학자,
우리에게 진리와 지혜를 가르친다

순 종

정신이 맑아지는 산림욕
자연의 숲은 신의 창작품

새롭게 태어나고 싶어
숲 향기 맡으며 생각한다

언덕을 넘어 자유로이 생을
즐기는 뉴질랜드의 순한 양 떼들

주어진 섭리에 묵묵히
사람을 위해 생명을 바치는 그들

우리들도 말없이 맡겨진
사명 감당해야 하리라

당 신

햇살 밟으며 강가 걷고 있습니다
사는 이야기 나누며 걸어갑니다

물속의 고기 떼 노는 모습 곁에
당신 그림자 보입니다

늘 곁에 있어야 할 당신
손잡고 걷는 나의 동반자

그래도 당신이 그립습니다
대화를 하면서도 그립습니다

바람 소리에 출렁이는 파도 소리같이
요동치는 심장의 박동소리 들립니다

먼 길을 바라보며 당신이 곁에 있기에
인생의 두려움이 사라집니다

기다림

창밖에서 춤추는
푸른 나뭇잎들이 웃고 있다

언제 오려나, 울려 퍼지는 핸드폰 소리
들려오는 숲 속 음악 소리에
한눈을 팔다

멀리 보이는 산을 바라보며
기다림은 즐거운 일이라고
흥얼거린다

늘 기대감으로 설레이는
시간의 여백

마음 변치 않은
우정의 목소리를 기다린다

김연아

길고 곧은 팔과 다리, 마른 몸매
환상적이다

아름다운 미모

다양한 이미지의 변신이 가능한
긴 눈매와 동양적인 얼굴
청순미로 대중의 마음을 사로잡는

이마부터 코끝, 턱선까지
전체적으로 조화로운 이상적인 얼굴

곧고 긴 팔다리와 몸매로
피겨스케이팅에 가장 알맞은 체형을 가진 것
또한 큰 장점이다

100년에 한번 나올 완벽한 선수 피겨여왕
그녀는 영원하리라

남해안 거제도

아름다운 금수강산 거제도
최남단 땅 끝 마을
해금강과 외도 유람선이 다니는
자연 풍광이 절정인 바닷가

주변에 풍차 돌아가는 바람의 언덕
선녀도 놀다 간다는 신선대
그냥 앉아만 있어도 친구가 되어 주는
온화한 쪽빛바다

유채와 벚꽃, 흑진주 해수욕장
황홀한 단풍과 동백꽃
푸른 해송 숲길엔
솔향기 자욱하다

밤바다 바라보며
우리를 향하신 넓고 크신
님의 음성 들을 수 있었다

교 감

너와 내가 마주보면서
문우로서 대화하며 웃고

시간의 흐름 즐기며
하늘, 구름, 바라보고

서로의 공감대
가슴 깊이 새기면 좋으리

시상이 떠오르면
각자 시를 머금고

미소 지으면서 행복하다면
우리 함께했던 순간 영원히 잊지 못하리

낭송가

만나던 날 느낌이 좋았습니다
천진한 미소에 맑은 눈동자

고운 음성으로 낭송하는 모습
아름다웠습니다

시를
사랑해 외우고

낭송으로 감동을 주려는 시성이
온몸에 젖은 듯 보였습니다

미래를 지향하는 문학인의 자세
저도 닮고 싶습니다

낭랑한 음성으로 낭송하던 모습
추억의 모습으로 간직해도 될런지요

범바위에서

옹기종기 모여 앉아
연인을 대하듯 풍경을 바라본다

카페에서
흘러나오는 사랑의 노래

세상에서 가장 좋은 말들을 골라
이런저런 이야기꽃을 피운다

주어진 시간에
헤어짐이 아쉬워

백운호수 둘레 서성거리다
초록빛 웃음 남겨두고 발길 돌린다

고별 예배 드리며
-故 최 선교사와의 고별

아! 슬픕니다
주님의 뜻 어디에 계시는지요
세계선교 아프리카 모잠비크 사역 중에
주님의 부름을 받았습니다

십자가에 흘린 보혈의 피로
구원받고 죄 사함 받았습니다
선교사의 희생을 통해 복음의
역사가 이루어지게 하옵소서

새 역사를 창조하며 땅 끝까지 이르러
복음의 증인들이 되게 하시옵고
심은 대로 거두고 한 알의 밀알이 되어
열매 맺게 하옵소서

선교사를 부르심으로
하나님 나라를 위해서 평안 가운데
영광의 부활을 보여 주시옵소서

목사님의 두 자녀들을 말씀으로

위로하시어
사명의 십자가를 지게 하시고
복음의 빛이 타오르게 하옵소서

아! 저 아프리카 모잠비크 선교

외도에서

출렁거리는 물결 따라
비바람 사이로 달려가는
외도, 보타니아의 구조라 유람선

울려 퍼지는 노랫소리에
장단 맞추며 섬을 향해 달린다
시원한 바다에 환호하는 관광객들

인간과 자연이 만들어 낸 예술품
낭만과 사색의 공간으로 조성된
국내 유일의 해상 농원

동양의 하와이라 불리는
아름다운 환상의 섬
잘 보존해 물려줘야 할 텐데

비진도

미인도라 부르는
조선의 이순신 장군 해적과의 싸움에서
승리하신 보배로운 섬,

안 섬과 바깥 섬으로
두 섬 사이엔 긴 사주가 형성되어
손잡이가 짧은 아령 같은 형태이다

동서로 갈라진 바다
서쪽은 백사장, 동쪽은 자갈밭
여름엔 수상오토바이
제트스키, 바나나보트
즐기는 현대인의 관광지

우리는 이 섬을 찾아
장대비 고속도로
하염없이 달려왔는데
이순신 장군 영혼은 어디에 계시는지

제 3 부

갈대숲에서

서서히 밀려드는 그리움이
노을빛에 섞인다

잠시 스쳐 지나는
빛과 그림자
어둠에 물들어 간다

호스피스 활동

새벽별 바라보며
봉사만 생각하며 정신을 집중한다
왠지 내 가슴이 싸아 아련해진다

짧게 혹은, 길게 살아온 생명들이
말없이 병상에 누워
마지막 정리하는 곳

소중한 시간들 되돌리며
소망, 사랑, 간호
본향으로 떠날 채비를 한다

내가 건강할 때
누굴 돌보아주는 봉사란
결국 나를 위한 선택이다

다정하게 환우들 돌보며
미소 띤 표정으로
나의 생명 마감되기 바란다

갈대숲에서

노을에 물든
서래섬 은빛 갈대밭에 선다

흔들리는 세상같이
우우 와와 소리가 들린다

터널 같은 갈대숲
은빛 고운 빛으로 사람을 위로하고

한강에 점프하는 고기 떼
낚시꾼들 허공으로 유인한다

서서히 밀려드는 그리움이
노을빛에 섞인다

잠시 스쳐 지나는
빛과 그림자
어둠에 물들어 간다

바람에 옷깃 여민다
갈대들 수런거림이 가슴으로 파고든다

산책길

태양이 솟는 새벽 길
꽃길을 걷는다

풍경에 젖어 시간 가는 줄 모르고
꽃길을 한 바퀴 돌며
유채꽃 당신과
미소로 대화를 나눈다

세상은 온통 노랗게 물들고
나의 삶 가운데 꽃보다 아름다운
당신의 자태 자리 잡고 있다

늘 고운 빛으로
나를 물들이면서
새 생명 탄생시키는
당신의 손을 힘주어 잡는다

선 교

광야에서 들리는 소리

주님의 지상 명령에
소명 받은 자
광야로 나오거라

미전도 종족을 사모하는 뜨거운 갈망이여
이웃을 사모하여 보살피는 이들이여
이웃에게 사랑을 전하는 전령사들이여

선교의 열정으로
죽음을 이기고 사탄과의 싸움에
승리하는 주님의 용사들이여

일어나 외쳐라
말씀은 영원하다고

세빛둥둥 섬

한강에서 보면 남산이 눈으로 든다
강변에도 가을 단풍이
손짓하며 우리를 부른다

세빛둥둥 섬에 앉아
음악과 커피 한 잔
멀리 보이는 태양을 바라보며
눈부신 한강의 기적을 생각한다

폐허가 된 한강다리 지나
가난했던 시절은 가고
잘 가꾸어진 시설들 들어선다

세느강 부럽지 않은 한강
남들은 멀리서 차를 타고 오는데
나는 날마다 산책을 즐기며
눈동자로 유람선까지 탄다

내가 누리는 행복을
나누어 줄 수 있다면
풍경도 접어서 나눠주면 좋겠다

신망애 의료봉사

흰 눈 쌓인 계곡
꿈의 동산에서

신반포교회 의료 선교 팀
봉사하기 전 사랑과
섬김의 모습으로 빛났다

그들의 생명은 한 인간으로서
삶의 행복을 찾는 진정성은
하나님의 천지창조
인간형상의 최초의 모습 같다

의사, 약사, 간호사, 장애우들과의 사랑의 만남
치료 교감을 통한
오묘한 사랑의 엔돌핀이 솟아난다

늘 헌신하는 의료인들
즐겁게 진찰하는 모습을 보며
사람에 대한 사랑이 밀려온다

이웃을 위한 섬김은
주님을 만날 때까지 진행 되리라
가슴이 따뜻한 하루였다

할렐루야

선교여행

가난과 전쟁과 기근
그러나
그곳은 하나님께서
택하신 아름다운 땅

성령의 은총으로
주님의 축복 가운데
맛보는 선교여행

지금도 흑암에 매인
우리의 형제들

구원해 주소서
새 생명 주소서

교회마다 선교의 영을 주시어
복음의 빚을 갚게 하시고
주님의 말씀에
귀 기울이며

사마리아 땅 끝까지
증인의 삶을
살게 하소서

모든
열방이 구원 얻을 때까지

비행기를 타면

바람으로 공기를 가르며
하늘 길 오가는 비행기

무엇보다도 제일 먼저
눈이 반가운 승무원들

정성 다해
친절하게 고객을 모시는
자세들 정중하다

비행기를 타면
다시 만나 눈인사 나누는 그대들
봉사의 마음이 통해 정이 더욱 솟구친다

달려간다

비는 내리는데
약속 시간에 갈 수 있을까

걱정하며
친구들 얼굴을 떠올린다

나무숲으로 뒤덮인 시골 길
고향을 향해 달려가고 있는 나,

옛 친구들은 그대로 살고 있을까
기억을 더듬으며 헤아려 본다

만남은 즐거운 것
마음이 저만치 앞서간다

보고 싶다
고향의 모든 것들이 빨리 보고 싶다

여해 故 강원용 목사 5주기 추모 예배

큰 어르신 세상에 오셔서
주님의 사랑을 이웃에게 전하셨던 모습
우리의 가슴 속 깊이 간직하고 있습니다

"광야를 외치는 소리"
빈 들에서, 5분간의 사색 등 외치셨던 말씀
5주기 추모 예배로 주님께 영광 돌립니다

대화를 통한 이웃 간의 관계
종교 간의 갈등을 해소하시는
모습이 늘 머리 속에 기억되고 있습니다

왜! 인간은 죽어야 하는지
이웃들과 이별을 해야 하는지

어르신은 천국에 가셨지만
존경하고 사랑합니다

외치는 "광야의 소리"는 그치지 않습니다

주님 어서 오셔서 세상을 변화시켜 주십시오
사랑으로, 인격으로, 말씀으로 찬양으로
충만하기를 소망합니다

찬양 연주

영혼을 깨우는 찬양
피아노 리듬을 따라
주님께 찬양 드린다

언어의 장벽 없는 피아노 찬양
건반 두드려 복음을 전하는 피아니스트

신앙이 연주에 의해
표현될 수 있는 가장 아름다운 소리

알 수 없는 나

영적 각성으로 성도들의 마음을
변화시키는 신의 음성

늘 깨어 기도하고 말씀으로
거듭나는 성도가 되리라

감동의 연주 자체가 영적치유다
영성을 깨우고 각성하는 내가 되리라

제2 인생을 행복한 사람으로 살며
주님에게 영광 돌리는 연주자에게 축복을

참 좋은 생각 1

폭포로 떨어지는 물방울
송진 냄새 가득한
소나무 숲
우리 모두의 안식처

하루하루 행복한 삶,

좋은 생각은
삶의 질을 여는

님의 축복이 된다

좋은 만남
폭포수의 물방울에 가슴 적시며
기쁨, 사랑이
넘치는 나눔이다

참 좋은 생각 2

호수를 따라 달린다
청춘을 그리며 숲을 보며
푸른 나무들과 호흡한다

아름다운 그녀의 모습 속에
대화가 꽃핀다

자유로운 세태 속에
꿈을 가진 젊음이여!
생을 마음껏 가슴에 품어라

지난 세월 후회 없이
생을 즐겨라

참 좋은 생각만을 하면서

제 4 부

자연 속에서

새소리 합창
푸른 숲 속에 영혼을 뉘이며
살아가는 의미를 깨닫는다

구원과 믿음으로
토론을 거듭하면 할수록
깊어지는 신앙
깊어지는 삶

우 정

살다가
말없이 떠나는
짧은 여행

창가에 기대어
사랑의 노래 들으며
기다린다

다정한 그녀
미소 짓는 그녀

소나무 사이로 불빛
여행길이 보인다

나무같이
변함없는 그녀

웃음과 울음

웃음은 인간만이 누리는 특권
인간은 웃을 수 있는 동물이다

사람들은 타인의 실수와 결점, 혹은 무언가
모자라는 듯한 행동을 보게 됐을 때

고정관념이 깨지거나
기대했던 상황과 다른
결과가 나왔을 때 웃는다

울음 역시 인간의 특권이 아닌가
동물 울음소리도 감정 표현
인간을 쫓아올 수는 없다

아기 울음소리를 녹음하면
배고픔, 화남, 피곤함, 스트레스, 심심함 등
5가지 화면을 선택해 알려 준다

어린아이는 자주 웃는 반면
성인이 되면 웃음 횟수가 줄어든다

웃음은 건강이다
한번 웃으면 수명이 3초 늘고
산소 흡입량 4배로 늘어나는 건
좋은 엔돌핀이 나오기 때문이란다

우리 모두 맘껏 웃자
우리 모두 맘껏 울어 보자

자연 속에서

심산계곡에 서 있으면
신선한 공기와 태고의 삶이
가깝게 다가온다

새들의 합창소리 들리는
푸른 숲 속에 영혼을 뉘이며
살아가는 의미를 깨닫는다

구원과 믿음으로
토론을 거듭하면 할수록
깊어지는 신앙
깊어지는 삶

자연 속 만남에서
충만하고 살찐
나날을 기록한다

월악산

우뚝 솟은 태양이
온 대지를 살핀다

콧노래 부르며 출렁이는
물결이 바람에 나부낀다

눈부신 빛에 드러난
봉우리 봉우리에서
어머니의 젖무덤이 떠오른다

소리 없이 다가오는
충주호의 물안개가
마음의 갈증을 덜어준다

의연한 자태로
시원한 폭포수 같은
산과 산이 껴안은 모습 보기 좋아라

인도 단기 선교

인도를 사랑하는
신반포교회 선교 팀
인도를 사랑 하리라

선한 사마리아 선교병원
준공 예배로 영광 돌린다
치료, 선교하는 병원으로 사명 다 하리

빗속으로 갠지스 강을 따라 가는 섬
섬사람들이 그리워하는 모습 속에
주님의 영광만이 있으라

비를 맞으며 외치는 선교사, 목사님
찬양, 연극을 통한 복음 전하는
신반포교회 청년 팀

땅 끝까지 복음을 전하는 모습 속에
그리스도의 향기가 꽃 핀다
꿈, 소망, 영적 세계를 향한 비전

노방전도, 인도 선교여행,
많은 것 배우고 깨닫고
그리워하는 하늘의 보화를 간직한다

인천 국제공항

무척 무덥다
장맛비도 아닌데 폭우가 내렸다
인천 국제공항 가는 길 위에

많은 여행객들이
목적지를 향해 떠날 준비를 한다

어린 시절 시골에서 자라 도시로
생활을 위해 직업을 가지고
평생을 살아간다

세상으로 온 소명은 무엇인가?
지하철에 몸을 싣고 깊이 생각한다

사랑으로
님이 맡겨준 직분 따라
생명을 마감하는 사람들
그 누구라도 이별하는 인천 국제공항

제주도 올레길

넓고 푸른 바다
목적지를 향해 가는
부부들과의 만남
겨울바다 여행이다

성산 일출봉 바라보면서
올레길을 걷는다

아름다운 제주도
일출 일몰이 장관인 곳

한라산의 웅장한 자태
우도의 바다 갈매기 떼

용두암 앞바다의 야경에
바다의 풍광이 절정에 이른다

밤새는 줄 모르는 이야기에
여명이 서서히 밀려든다

초 원

사슴이 뛰노는 들판
자유 그리워 민족을 갈망하는
나라도 있다

동물들의 순종하는 모습 속에서
인간의 도리를 다하는 민족

순종을 부르짖고
사명을 감당하는 동물들에게
우리의 삶을 비교하랴

솟아오르는 태양, 에너지
모든 이들에게 푸른 꿈과
파란 희망을 줄 수는 없을까

나는 웃음 치료사

코스모스 공원길을 산책 한다
한강을 바라본다

가을 들녘
코스모스 향기에 도취된다

산들바람에 율동하는 모습들
색색이 뽐내며 웃고 있다

원두막에서
꽃을 보는 마음은 늘 즐겁다

옹기종기 모여 삶의 이야기
코스모스 같은 여러 색깔로

사람들에게 행복한 웃음으로
우울증을 말끔히 씻겨주는 내가
내 마음에 든다

비 경

기암절벽
웅장한 해금강
사람의 손이 닿지 않은
절벽 위 풍경

빼어난 절경이
피부로 스며드는 해금강

수억 년 파도에 씻긴
형상이 가지각색

사자바위, 미륵바위, 촛대바위,
신랑바위, 신부바위, 해골바위로
둘러싸인 해금강

수십 미터 절벽에 새겨진 만물상
열십자로 드러나는 십자동굴
하늘이 빚은 최고의 걸작이다

향 기

따스한 봄날의 햇살
여기저기 꽃이 핀다

또 하루에 하루가 가는
변함없는 일상
그저 하루를 즐기려고
나는 걷고 또 걷는다

하늘 구름 바람
오늘도 변함없이
바라보고 바라보며

이웃들의 아픔을 느끼는
향기 있는 사람으로 살고 싶어
꽃의 향기를 갈무리한다

소 망

무작정 호수 길 따라 걷는다
얼굴엔 미소 띠고
발걸음 힘차게 걸어간다
참새가 포르릉 날아가며
내게 아는 체를 한다
귀여워서 웃는다
나무숲 사이에서
아름다운 자연의 하모니
갑자기 신비롭고 황홀하다
이 좋은 호수 길
내일도 모레도 걸어야지
하염없이 걸어가야지

살아 있는 천국

오늘은 호스피스 봉사하는 날
샘물 호스피스병원에서 예배드리는 시간
영적인 말씀
신반포교회 헵시바 중창단의
찬양이 은혜스럽다

늘, 주님을 사랑하는 마음으로
감사하는 마음으로 드리는 예배
고통 속에 신음하는 환우의 이야기
천국에 갈 때까지
찬양 드리는 모습이 아름답다

죽음이란 끝이 아니라
새로운 영생을 준비하고
천국으로 가서
영원히 사는 길이다

황 산

안개 자욱한 대자연
구름이 하늘을 감싸는 아름다움
괴벽을 이룬 너의 자태
상상을 초월하는
신비함이여

인간의 작품이라 말할 수 있을까
절벽, 바위틈으로 솟아오른 소나무, 대나무
긴 역사의 중심에서
견디며 꿋꿋이 서 있는 너
세계에서 널리 알려진 산

유구한 역사
웅장한 계곡
말할 수 없는 대자연
감탄사로 입을 다물지 못한다

SM 지리산 수련회

우리는 누구인가
푸른 하늘 아래
공기, 물, 햇빛을 주신 이에게 감사

자연의 신비함,
변화하는 삶속에 그대와 나는
나그넷길을 가고 있는가?

철 따라 물 따라 가슴속 깊이
하늘을 향한 한마음
겸손한 자세로 섬기는 삶

빛과 그림자
저녁노을처럼 세상을 향한 간절한 그리움
흔들리지 않는 터전으로
시니어 회원들이 되리라

제 5 부

호 수

호수에 비치는 그림 속에
너를 간직하려는 마음
빛, 소리, 자연에 유혹되어
시간 흐름도 잊고 있다

들판을 걸으며
손과 손이 맞닿는 순간마다
전율이 흐른다

학이 되어 그대 품에

온 인격으로 당신을 사랑합니다
그리움에 하늘을 바라보며
학이 되어 그대 품에 가렵니다

그대를 향한 간절한 모습
온몸으로 바칩니다

십자가를 향한 애절한 내 소망
나의 모든 것 드리옵니다

In Your Bosom after Becoming a Crane

I love you with my whole personality
Looking into the sky out of love for you
I want come and nestle in your arms,
Becoming a crane

I give my all to you and
Love you with an ardent passion
Since I really want show you my real mind

I give you all with my earnest desire tending a cross

분 필

돌아보면 아득해라
너와 같이 걸어온 길
희고 곧은 선비로 태어나
살 깎고, 가슴 저미며

한 몸 영혼으로 바쳐
그려 논 판서
분분히 날리는 뼛가루들이 그어 논
발자국 위 비수로 꽂히던 눈망울들

뒤돌아보면 33년
내가 닦아 놓은 푸른 길 위로
많은 눈동자들
열정과 청운의 꿈을 안고
걸어 갔구나

때로는 메아리로
때로는 눈물로 흐르는 교정,
저 개나리꽃 곱게 핀
동산을 스쳐간 얼굴들아

기억없는 그 많은 시간을 묻으며
지친 나의 영혼
네 안에 조용히 뉘인다

Chalk

When I look back the course I walked
With you, it is far away
Born as a gentleman of honest and white,
Slicing off fleshes and the hearts

The whole body devoted its sprite to
The blackboard demonstration
The eyeballs are hit by pathos piled up
On the footsteps by powder
Of bones flying confusedly

Looking back the green road
That I improved over the 33 years,
Lots of eyeballs went by,
Cherishing passions and entertaining
A high ambition

Sometimes it was an echo or
The campus flowing with tears,
Many faces went past by the hill where forsythia

Were in bloom lovely
My fatigued spirit lies in your mind
Gently,
Burying much time that I don't remember

코트의 요정

- 2004 한솔 코리아 오픈테니스 대회 결승
코트의 요정에서 패션모델로 -

우리들을 황홀하게 하였다

윔블던 우승으로 단숨에 스타덤에 오른 그녀
섹시한 외모와 탁월한 패션 감각이
한몫 했음을 부인할 수 없다네
미모와 실력을 겸비한 최고 인기 스타
군살 없는 탄력적 몸매와 조각 같은 얼굴
신의 축복을 받았고 사슴을 보는 것 같다
남성 팬들의 가슴을 설레게 한다

우리의 손아귀 가득 땀을 쥐어주고도
한 점 흐트럼 없는 표정은
새침떼기의 그것처럼
한 움큼의 얄미움과 함께 정열에 불을 붙인다

상대에 관계 없이 최선을 다하는 모습은
분명 '승부사' 다웠다
그녀가 있기에 자랑스런 '테니스'

한국 테니스 붐을 일으키는
좋은 기회가 되었으며
요정은 떠났지만
날갯짓은 파랑이 되고 파도가 되어
이곳 반도의 코트위에 영원히……

The fairy in a court

-2004 Hansol Korea Open Final Race
from a fairy in a court to a fashion model-

Raptured all of us

Get to be a famous celebrity in the Wimbledon immediately
Who deny a piece of fluff and a fashion sense of distinction
also become the source of her success in life?

A superlative celebrity having both pretty features and ability
A well-proportioned figure without superfluous flesh and a face like a sculpture
A blessed woman and look like seeing deer
Sing for joy in fans of men

Keeping her countenance after being dripping with sweat
in our clutch on hands burns with passion like
a handful of bashfulness as well as that of a prim-looking person

Doing her level best without a rival is really similar a warrior

How boasting a tennis! because of existence of her in a court

A golden opportunity of stiring a boom in korea tennis
Despite of a fairy leaving
May the flap of wings become waves and billows to leave forever in a court in the Korean Peninsula...!!!

까치밥으로 남긴 감 하나

애, 아범아!
다 따내지 말고
거 까치밥으로 남겨 두려무나!

긴 대나무를 휘두르며
빨갛게 익은 감나무에 올라
조심 조심스럽게 따고 있을 때
우리 할아버지가
안마당을 지나시다가 하신 말씀이
지금도 생생하게 들린다

주렁주렁 빨갛게
참 많이도 달렸었지……

맨 우듬지의 감 하나만 간신히
따지 않았던 내 야박스러움

날씨는 차가워지는데
내 눈치만 살폈던 까치들
얼마나 나를 야속타 했을까.

One Perssimon Saved As The Food For Korean magpie

Listen! My grandsonny boy!
Do not gathering all of them
And save some as the food for Korean magpie!

Swinging with a long bamboo stick
And going up to the perssimon tree riped red,
When I gather them carefully
My grandfather
Passing front yard and saying,
Still in hear sprightly

In full clusters red
How much heavily loaded on the tree...

Barely not gathering only one persimmon on the very edge of the branch,
What a coldheartness I am!

Although the weather is getting cold
The Korean magpies that it studied my facial expression
How much did they feel bitter at me.

산

봄의 산은 연한 초록빛의 "옷을 입고"
수줍은 처녀처럼 부른다.

여름의 산은 풍성한 옷차림으로
"힘 있게" 유혹한다.

가을의 산은 단풍으로 성장하고
"화사하게" 초대한다.

겨울의 산은 순백한 옷차림으로
"깨끗하게 단장하고" 맑은 미소로 던진다.

삶이 지치고 생에 권태를 느꼈을 때에는
산에 오르는 것이 좋다.

A Mountain

The mountain of spring calls us shyly like virgin,
With its soft green “dress on”.

The mountain of summer tempts us “powerfully”
With its abundant dressiness.

The mountain of autumn invites us “luxuriously”
With its maples on.

The mountain of winter gives us crystal smile,
“Dressing itself clearly” with its white attire.

When we feel our life get tired out,
And also feel languor of life,
It’s good for us to climb up the mountains.

잠 못 이루는 밤

별 하나 나 하나
두 가슴속에 파문은 속 내음

꽃들이 춤추며 작은 폭포의 외침이
축복을 해 준다

솟아오르는 물방울
간직하고픈 마음

별 하나,
나 둘

안기고 담고 싶은 가슴속에
내일을 향한 그리움인가

저 별을 보며
처마에서 내려오는 빗방울 바라보며

천년 찻집에서 천년차를 마시며
오늘은 행복한 날이라고……

The Sleepless Night

Star one, I one
An inner mind buried in two minds,

The flowers dance, a small waterfall' s cry
Gives us its blessing.

The gushing waterdrops
Are what I hoard them in my mind.

Star one,
I two

Is it a yearning for tomorrow
To be embraced, to keep in my mind?

Looking at the star,
And looking the raindrops falling from eaves,

Drinking a cup of 'a millennium tea' at the 'a millennium tea shop',
We may think today is really a happy day...

호 수

저녁노을로 세상이 붉은 빛깔이다
물결 이는 호수를 바라보며
그리움과 대화한다

호수에 비치는 그림 속에
너를 간직하려는 마음
빛, 소리, 자연에 유혹되어
시간 흐름도 잊고 있다

들판을 걸으며
손과 손이 맞닿는 순간마다
전율이 흐른다

계절마다 갈아입은
푸른 산을 바라보며 호흡한다.
미지의 세계를 가고 있는
나를 발견한다.

The Lake

The world has all red colors at dusk in the evening.
I converse with longing
Looking at the waving lake.

Fascinated by the mind, the light, the sound
And the nature that would keep you
In the picture, reflected by the lake,
I forget the stream of time.

Walking in the field
Every moment touching hands in hands
I feel trembling.

I breath looking at the green mountain
That it has changed its clothes every season.
I discover myself
Traveling for the unknown world.

삶

솔솔 불어오는 바람에
풀 사이 꽃들이 웃고 있다

어깨에 닿는 햇살을 느끼며
향수에 젖었네

꽃 내음 사이로 한 쌍의 오리가
사이좋게 물결 따라 가고 있다

자연의 아름다운 길

정처 없이 떠나는 여행자와 같다
또한 짧은 소풍과도 같은 것

언제나 님을 만나러 갈 때까지
우리 모두 소풍을 즐기자

Life

Flowers in the grass smile
In virtue of the soft-flowing wind

I'm nostalgic,
Feeling that sunbeams touch my shoulders

A couple ducks in the fragrance of flowers
Swim through the waves

The beautiful passage of Nature

It's just like a traveler wandering aimlessly
Or like a short picnic

Let's always enjoy a picnic
Till meet a lover

한라산과 돌

가을 단풍들은
자기의 색깔을 마음껏
뽐낸다

돌을 밟으며 오르고 오른 등산
자연의 아름다움에
새들은 환영의 메시지를 보낸다

피곤함도 잊고
돌만 밟고 전진하였다

힘든 인생살이 등산으로
마음 달래며

땀방울로 이루어진 오솔길
역사의 뒤안길로 가는
유토피아를 그리며……

Mt. Halla and Stones around It

Autumn leaves pride itself on its color

After climbing mountain stepping on stones
Birds struck by the beauty of nature
Welcome me with song

Proceeded to climb the mountain
Without the feeling of tiredness

Drowning the troubles of my life
In climbing mountain

A lonely trail formed by the track of a hard life
It's the way leading a back alley of history
Longing for a Utopia

커피 향기

아름답게
늘 미소 띤 겸손한 자세,

은은한 내음 가득
강물처럼 변치 않는 마음 주는

삭막한 거리에서
늘 변함없는 그림자로

따뜻한 손 내밀어
달래 주는 그 속내

바람 속 환상으로
향기롭게 나타나는

친절한 그대 때문에
잔잔한 행복의 샘은 마르질 않아

The Aroma of Coffee

It produces a pleasant atmosphere
In a modest way

A smell hangs in the air
Like a river flows

It collects my scattered mind
Like muffled sound of a distant bell

The internal conditions soothes me,
Extending warm hands

It gives out sweet-smelling
It shows me sweet illusion in the air

Happiness of life continues like a fountain
Due to your kindness

■ 작품 해설

인성에 나타난 서정의 휴머니즘
- 오진환 시인의 시세계 -

金　　正　　雄

〈시인 · 문학평론가 · 세계시문학회 회장〉

화자는 공직에서 정년을 마치고도 일상생활은 매우 분망하다.

웃음 치료로 국민 건강 행복과 교회 전도, 외국 선교와 각종 사회단체 봉사사업, 세계시문학 모임에 중심이 되어 성근스러운 리더로 인류에 공헌하고 있다.

오진환(吳鎭煥) 그는 이름〔姓名〕 그대로 만인 앞에 정중한 처신을 하며 만인속으로 들어가 중용으로 다스리는 사회자가 된다. 특히 그의 고유한 음성은 우렁차고 깔끔하여 만인을 압도하는 위용이 스며 있다.

화자와는 15년 전 "문예사조"사 김창직 설립자의 소개로 만나게 되었는데 그의 세련된 모습과 호탕한 성격은 필자에게 커다란 친근감으로 다가왔다. 그 후 세계시문학회 행사지인 호주와 뉴질랜드 등 여러 나라에 동참했으며 세계시문학 중심의 진행자로서 문학 창달에 혼신을 다하고 있다.

1.

오진환 시인의 시 구현은 종교와 자연과 문학을 섭렵하고 높은 산과 넓은 바다, 호수와 들녘을 리얼리티하게 형상화 한다.

세 번째 내는 그의 시집 〈산은 구름을 탓하지 않는다〉는 시에서

침묵하며
인내하며
새로운 피를 수혈해 주는 산,

일에 지쳤을 때
정신이 피로할 때
고독하다고 느껴질 때
왠지 서글퍼질 때
산으로 가자

산은
우리에게 활력과
생명 최고의 보약을 선물해 준다

왠지 우울하면 산으로 가자
마냥 미소 지으며
우리를 반겨주는 산으로 가자

-〈산은 구름을 탓하지 않는다〉 시 전문

그의 시 1연에서 자연스럽게 흘러 다니는 구름이 산을 온통 품어 가리지만 산은 언제나 느긋한 마음으로 조용히 참고 견디며 새로운 식물, 온갖 나무, 꽃들의 생명을 싹 트이고 있다.

인간은 자연을 떠나서 단 하루도 살 수 없듯이 인간은 저마다 하는 일을 택하여 살아가야 하기 때문에 일을 하다 지치기도 하고, 피곤하기도 하여 그로 인하여 삶이 메마르고 고독을 느낄 때, 그 크고 관대한 산으로 가서 충분한 호흡도 하고 위안을 받자는 제 2연의 시다.

제 3, 4연에서 인간이 우울하거나 지쳤을 때 크게 손을 벌려 손짓하는 그 정다운 산으로 가 삶의 활력소를 찾고, 다시 산다는 생명의 건강을 리드미컬한 문학성으로 승화한다.

제5부 영역시 〈삶〉에서 그의 시제에서 진솔한 삶의 진정성과 소박함을 발견할 수가 있겠다.

솔솔 불어오는 바람에
풀 사이 꽃들이 웃고 있다

어깨에 닿는 햇살을 느끼며
향수에 젖었네

꽃 내음 사이로 한 쌍의 오리가
사이좋게 물결 따라 가고 있다

자연의 아름다운 길

정처 없이 떠나는 여행자와 같다
또한 짧은 소풍과도 같은 것

언제나 님을 만나러 갈 때까지
우리 모두 소풍을 즐기자

-〈삶〉 시 전문

인간이 살아가는데 그 삶의 활동(행위)은 우리가 어렸을 때 야외에 나가는 것을 소풍이라 하고, 성장하여 멀리 발을 내딛는 원족, 나아가 나들이나 해외 여행하는 여행자와도 같다 한다.

자연에서 불어오는 솔솔 바람에 풀과 꽃들은 그 즐거움을 느끼며 싹을 틔우고, 따갑게 내리쪼이는 햇살은 향수에 젖게 하고, 한 쌍의 오리가 물결의 리듬을 타고 사이좋게 유희하는 것은, 참으로 행복감에 푹 파묻히는 것 같다고 한다.

2.

제4부에서는 웃음의 미학을 천태만상에 천명 · 메타포화 하면서 인생을 긍정적으로 살고자 노력한다

웃음은 인간만이 누리는 특권
인간은 웃을 수 있는 동물이다

사람들은 타인의 실수와 결점, 혹은 무언가
모자라는 듯한 행동을 보게 됐을 때

고정관념이 깨지거나
기대했던 상황과 다른
결과가 나왔을 때 웃는다

울음 역시 인간의 특권이 아닌가
동물 울음소리도 감정 표현
인간을 좇아올 수는 없다

아기 울음소리를 녹음하면
배고픔, 화남, 피곤함, 스트레스, 심심함 등
5가지 화면을 선택해 알려 준다

어린아이는 자주 웃는 반면
성인이 되면 웃음 횟수가 줄어든다

웃음은 건강이다
한번 웃으면 수명이 3초 늘고
산소 흡입량 4배로 늘어나는 건
좋은 엔돌핀이 나오기 때문이란다

우리 모두 맘껏 웃자
우리 모두 맘껏 울어보자

-〈웃음과 울음〉 시 전문

화자는 웃음과 울음이란 타이틀을 가지고 웃음 강사로서 사회에 불우한 가정이나 장애자 학원, 경로원, 치매노인 복지원이나 또한 공공단체, 문학 세미나 등 다양한 곳에 다니며 웃음의 활력소로 웃음의 전사 웃음대사로서 건강한 국민, 행복한 가정이 되기를 성원하고 있다.

인간은 만물의 영장(靈長)이라 하여 희로애락(喜怒哀樂)을 다 갖춘 고등동물이다. 그러나 어느 편파적인 감성에 빠질 수도 있다. 사람들은 타인의 실수, 결점, 어수룩한 행위 표현에서 웃게 되는데 그러한 고정관념을 깨고, 이제는 어디서나 어느 때나 미소를 지어야 되며, 기쁘고 감격했을 때 껄껄대고 마음껏 웃음으로 건강한 생명을 증진시키고 수명을 연장해야 되겠다.

어린아이는 자주 웃는 반면 성인들은 웃음 횟수가 줄어드는데 앞으로는 성인들도 많이 웃을 수 있는 기회를 가져야 한다.

한번 웃으면 수명이 3초 늘어나고 산소 흡인량이 4배로 늘어나 엔돌핀이 속출한다는 이 놀라운 사실을 우리는 명심해야 할 일이다.

웃음은 인간이 누릴 수 있는 최고의 특권, 인간만이 누릴 수 있는 보배다.

3.

제1부에서는 일시적인 사랑이 아니고 영원한 사랑을 의미하는 강력한 메시지를 준다. 보고픈 사람을 사랑한다는 것은 참으로 아름다운 것이다.

사랑을 잃지 않고 산다는 건
아름다운 인생이다

첫사랑과 결혼해서
긴 세월 그 마음 그대로 간직하고
마주보며 살아온 그녀,

진실된 대화로
진실된 미소로
진실된 마음으로
충실하게 살아온 우리 부부

앞으로도 못다 한 사랑
더욱더 나누면서
당신을 만난 일 행운이었다고 말해 주련다

-〈아내〉 시 전문

그립고 보고픈 사람과 사랑한다는 것은 가장 아름다운 것이다.

누구나 사랑을 하고 결혼하여 가정을 가지고 행복을 추구한다. 그러나 화자의 마음만은, 또한 화자 자신이 살아가는 현실을 명증하듯 첫사랑의 인연으로 결혼하여 오랜 세월동안 진실한 대화, 진실한 미소, 진솔한 사랑과 화목한 모습으로 "부부해로(夫婦偕老)" 하는 것을 한 폭의 그림으로 형상화 한다.

또한 화자는 호수, 강, 바다, 섬 같은 자연의 형체를 자신의 서정으로 접목하여 빼어내는가 하면 세계시문학 교류로 호주. 뉴질랜드 등 이국의 정서를 시(詩)화 하고 있다.

새 하늘 새 땅
가슴 설레는 곳
하늘의 축복으로 삶을 이끄는 나라

엄한 교육으로 질서와 자연을
사랑하는 민족

배달의 민족
삼강오륜 자취 없고

시장 원리에 따라
자본주의 국가로 변해 버린 우리들

거대한 자연을 보존하며
여유롭게 삶을 즐기는
이런 나라, 이런 사람들이 부럽다

-〈뉴질랜드〉 시 전문

화자는 그리스도교 독실한 신자로서 세계 어느 나라를 가든 간에 먼저 그 나라를 찬양하는 기도를 한다. 호주

뉴질랜드에서도 예외는 아니다. 한 백 년 전 세계 불량인들이 개과천선(改過遷善)으로 모여 최상의 민주주의를 재창하는 나라, 주님의 축복을 받는 부강한 나라로 전환했다.

배달민족이 숭상하는 삼강오륜(三綱五倫)을 현대식 자연 질서 교육으로 교화시켜 시장원리에 따라 자본주의 국가로 부상한 뉴질랜드는 새로운 물물(物物)을 들이고, 자연을 사랑하며 행복한 삶을 영원히 간직하리라는 선망의 모티브다.

따라서 화자는 이 시집 제5부에서 세계시문학회 심포지엄이나 외국 나들이에서 감상한 10편의 시를 영역하여 현장감 나는 산뜻한 이미지를 부여한다.

「산은 구름을 탓하지 않는다」 이 시집은 제5부 64편의 시로 구성되어 있다

화자의 인품과 같이 너그럽고 인자함이라든가 목소리 우렁찬 발성과 함축성 있는 시어는 오진환 사백만이 갖는 특유의 아미(蛾眉)요, "휴머니즘"의 선구자라는 것을 여실히 증명한다.

오진환 시인은 교직에서도 승진 상좌를 탐내지 않고, 외유내강(外柔內剛)과 청렴결백(淸廉潔白)한 자세를

갖춘 평교사로 그 학원의 중진이 되어 원만한 조화를 이룬다.

일생을 보통 평범한 사람으로서 생활해 가면서도 불건전한 일이 발생할 때는 중심이 되어 내 일같이 발 벗고 나서서 위대한 힘을 발휘하는 보통 거인(巨人)으로 닉네임이 붙는다. 이러한 인성(人性)에 영원을 불금하리오.

앞으로 시창작의 열정에 더욱 천착(穿鑿)하기를 기대하는 바다.

2013년 4월에

牟陽城下 直齋山房에서

白夜 識

오진환 제3시집
산은 구름을 탓하지 않는다

초판 발행 2013 년 4월 10일

지은이 | 오 진 환
펴낸이 | 김 효 열
편집장 | 김 경 희
펴낸곳 | 을지출판공사

등록번호 | 제 2-741 호
등록일자 | 1985 년 2월 14일
주　　소 | 서울시 마포구 양화로6길 27-5(서교동) 301호
우편번호 | 121-840
전　　화 | 02) 334-4050 · 4090
팩시밀리 | 02) 334-4010
E-mail : ejp4050@hanmail.net

값 10,000원

* 잘못된 책은 바꿔 드립니다.

ISBN 978-89-7566-143-3 03810